BEI GRIN MACHT SICH IHR WISSEN BEZAHLT

- Wir veröffentlichen Ihre Hausarbeit, Bachelor- und Masterarbeit

- Ihr eigenes eBook und Buch - weltweit in allen wichtigen Shops

- Verdienen Sie an jedem Verkauf

Jetzt bei www.GRIN.com hochladen und kostenlos publizieren

Petra Richter

Verbvalenz. Ein- bis Fünfstellige Verben

GRIN Verlag

Bibliografische Information der Deutschen Nationalbibliothek:

Die Deutsche Bibliothek verzeichnet diese Publikation in der Deutschen National-
bibliografie; detaillierte bibliografische Daten sind im Internet über http://dnb.d-
nb.de/ abrufbar.

Dieses Werk sowie alle darin enthaltenen einzelnen Beiträge und Abbildungen
sind urheberrechtlich geschützt. Jede Verwertung, die nicht ausdrücklich vom
Urheberrechtsschutz zugelassen ist, bedarf der vorherigen Zustimmung des Verla-
ges. Das gilt insbesondere für Vervielfältigungen, Bearbeitungen, Übersetzungen,
Mikroverfilmungen, Auswertungen durch Datenbanken und für die Einspeicherung
und Verarbeitung in elektronische Systeme. Alle Rechte, auch die des auszugsweisen
Nachdrucks, der fotomechanischen Wiedergabe (einschließlich Mikrokopie) sowie
der Auswertung durch Datenbanken oder ähnliche Einrichtungen, vorbehalten.

Impressum:

Copyright © 2006 GRIN Verlag, Open Publishing GmbH
Druck und Bindung: Books on Demand GmbH, Norderstedt Germany
ISBN: 978-3-656-48310-6

Dieses Buch bei GRIN:

http://www.grin.com/de/e-book/158663/verbvalenz-ein-bis-fuenfstellige-verben

GRIN - Your knowledge has value

Der GRIN Verlag publiziert seit 1998 wissenschaftliche Arbeiten von Studenten, Hochschullehrern und anderen Akademikern als eBook und gedrucktes Buch. Die Verlagswebsite www.grin.com ist die ideale Plattform zur Veröffentlichung von Hausarbeiten, Abschlussarbeiten, wissenschaftlichen Aufsätzen, Dissertationen und Fachbüchern.

Besuchen Sie uns im Internet:

http://www.grin.com/

http://www.facebook.com/grincom

http://www.twitter.com/grin_com

Inhaltsverzeichnis

1	Einleitung	2
2	Der Valenzbegriff	3
2.1	Definiton der Valenz	3
2.2	Zusammenhang zwischen Rektion und Valenz	3
3	Verschiedene Stelligkeiten eines Verbs	4
3.1	Einstellige Verben	4
3.2	Zweistellige Verben	4
3.3	Dreistellige Verben	5
3.4	Vierstellige Verben	6
3.5	Fünfstellige Verben	6
4	Fazit	7
	Literaturverzeichnis	8

1 Einleitung

Meine Ausarbeitung stellt die Einleitung zu dem Referatsthema „Der Valenzbegriff" dar. Ich beginne mit der Erarbeitung einer Definition von Valenz mit Hilfe des Vergleichs von einem Verb mit einem Atom von dem Sprachwissenschaftler Lucien Tesniére. Hierzu erkläre ich auch die Begriffe Aktanten und Leerstellen. Zur genaueren Bestimmung der Valenz, stelle ich den Zusammenhang zwischen der Rektion und der Valenz her. Dann werde ich die verschiedenen Stelligkeiten eines Verbs näher erläutern und dazu Beispiele aufführen. Hierzu habe ich als Fachliteratur den ‚Grundriß der deutschen Grammatik' von Peter Eisenberg (Eisenberg 2004) herangezogen. Zum Schluss werde ich zu der Problematik der vierstelligen Verben persönlich Stellung beziehen und an einem Beispiel die unterschiedlichen Formen von Ergänzungen erläutern. Abschließend fasse ich in einem Fazit die Ergebnisse meine Arbeit kurz zusammen.

2 Der Valenzbegriff

2.1 Definition der Valenz

Der französische Sprachwissenschaftler Lucien Tesniére führt den Begriff der Valenz aus der Chemie ein, indem er das Verb mit einem Atom vergleicht (s. Dürscheid 2005:109). Ein Atom bindet verschiedene Elemente an sich, so besteht das Molekül des Wassers aus einem Sauerstoffatom, das zwei Wasserstoffatome an sich bindet. In Anbetracht dessen lässt sich sagen, dass ein Verb eine bestimmte Anzahl von Aktante, auch Komplemente genannt, an sich bindet. Je nachdem wie viele Aktanten das Verb an sich bindet, ergibt sich daraus ihre bestimmte Valenz. Diese wird auch als Wertigkeit oder Stelligkeit bezeichnet (s. Dürscheid 2005: 109).

Tesniére bezeichnet die Aktante als „Wesen oder Dinge, die auf irgendeine Art am Geschehen teilhaben" (Dürscheid 2005:109, zit. nach Tesnière 1959:93). In diesem Zusammenhang wird in der Sprachwissenschaft u. a. unterschieden zwischen dem Patiens und dem Agens. Den Unterschied versuche ich an folgendem Beispiel zu erläutern:

(1) Zweistelliges Verb: *Ich* lerne *Mathe.*
           Agens   *Patiens*

Das Patiens *Mathe* ist das Objekt, mit dem etwas passiert und das Agens *ich* ist das, was aktiv handelt.

Die von den Aktanten gefüllten Stellen bezeichnet Karl Bühler als „Leerstellen" (Dürscheid 2005:109, zit. nach Bühler 1934:173). Jedoch eröffnen nicht nur Verben Leerstellen, sondern auch relationale Adjektive wie in Beispiel (2) und relationale Substantive wie in Beispiel (3) (s. Dürscheid 2005:109).

>(2) **gespannt** auf etwas sein

>(3) **Erinnerungen** an/von etwas haben

2.2 Valenz und Rektion

Wichtig ist, dass man die Valenz von den "syntagmatischen Bezeichnungen Rektion und Kongruenz" (Dürscheid 2005:109) nicht gleichsetzt.
Die Valenz beschäftigt sich mit folgenden Fragen (s. Dürscheid 2005:109):

- Welche Verbindungsfähigkeit hat ein Wort in einem Satz?

- Wie wird diese Verbindungsfähigkeit im Satz umgesetzt?

Das bedeutet, dass sie sich sowohl mit der Anzahl und Form der ‚Aktanten' beschäftigt, als auch zum Teil mit ihrer Funktion z. B. Subjekt in einem Satz.
Der Begriff Rektion bezeichnet die Forderung eines bestimmten Kasus oder einer bestimmten Präposition.

>(4) Er wollte jemandem helfen.
>Das Verb *helfen* regiert den Dativ.

>(5) Sie ging ohne ihren Bruder.
>Das Wort *ohne* regiert den Akkusativ.

Die Rektion stellt in dieser Hinsicht einen Teilbereich der Valenz dar, weil sie eine Antwort darauf gibt, wie die Verbindungsfähigkeit in einem Satz umgesetzt wird.

3 Verschiedene Stelligkeiten eines Verbs

Die Stelligkeit eines Verbs bezeichnet die Zahl seiner gleichzeitig möglichen Ergänzungen bzw. Komplemente. Diese sind entweder Subjekte, Objekte oder Prädikative (s. Eisenberg 1999:58).

3.1 Einstellige Verben

Einstellige Verben haben im Normalfall das Subjekt als Komplement. (s. Eisenberg 1999:58)

(7) Sie niest. Er friert.

Es gibt jedoch auch einstellige Verben, die als nullstellig bezeichnet werden (s. Eisenberg 1999:58, zit. nach Heringer 1967; Horlitz 1975). Bei den so genannten nullstelligen Verben ist die Subjektstelle mit einem unpersönlichen Pronomen besetzt. In der Regel handelt es sich bei diesen Verben um Wetterverben.

(8) Es blitzt.

Die Bezeichnung als nullstelliges Verb ist eine semantische und keine syntaktische Bezeichnung, da das *es* semantisch leer ist (s. Eisenberg 1999:59). Ich denke jedoch, dass man die nullstelligen Verben mit zu den einstelligen Verben zusammenfassen sollte, da *es* für mich eine Leerstelle füllt und es meiner Meinung nach weniger wichtig ist, ob *es* semantisch leer ist und deshalb in dem Sinne nicht zählt.

3.2 Zweistellige Verben

Bei den meisten Verben der deutschen Sprache handelt es sich um zweistellige Verben. Sie bezeichnen die Relation zwischen einem Subjekt und einem Objekt, selten zwischen zwei Objekten. Am häufigsten sind in diesem Fall die transitiven Verben wie *vermissen, lieben, bauen* und *befreien* (s. ebd).

(9) Er sieht ein Bild.

In diesem Beispiel ist *er* das Subjekt und *Bild* das Objekt.

3.3 Dreistellige Verben

Dreistellige Verben besetzen ihre Leerstellen mit einem Subjekt und zwei Objekten. Aus semantischer Sicht gehören diese Verben häufig zu Verben des Gebens und Nehmens wie *vererben, klauen, verkaufen* (s. ebd).

(10) Er schenkt seiner Freundin ein Buch.

Er ist hier das Subjekt, *seiner Freundin* ein Dativ Objekt und *ein Buch* das Akkusativ Objekt.

Außerdem gehören dazu Verben wie *raten* und *vergönnen*. Aber auch Verben der Kommunikation gehören in diesen Bereich, wie *antworten, genehmigen, besprechen*.

(11) Sie bespricht die Hausaufgaben ihres Nachbarn.

Sie ist in diesem Beispiel das Subjekt, *die Hausaufgaben* das Akkusativ Objekt und *ihres Nachbarn* ist ein Genitiv Objekt.

3.4 Vierstellige Verben

Fragwürdig und stark diskutiert sind sowohl die vierstelligen als auch fünfstelligen Verben:
Über die Existenz von vierstelligen Verben ist man sich in der Sprachwissenschaft nicht einig. So geht Tesniére ursprünglich nur von dreistelligen Verben aus und "nach Erben (1980: 354) weist das Valenzwörterbuch von Helbig/Schenkel für das Deutsche ein einziges vierstelliges Verb auf, nämlich *antworten* […]" (ebd).

(13) Die Frau antwortete ihm auf die Einladung, dass sie verabredet sei.

In diesem Beispiel füllt *die Frau* die erste Leerstelle, *ihm* die zweite, *auf die Einladung* die dritte und *dass sie verabredet sei* die vierte Leerstelle. Fraglich ist, ob das Relativpronomen *ihm* im Dativ an dieser Stelle eine Aktante ist.

Ich denke jedoch, dass es richtig ist von vierstelligen Verben zu sprechen, wie es auch im Valenzwörterbuch von Helbig/Schenkel aufgeführt wird. Jedoch bin ich der Meinung, dass es mehr vierstellige Verben gibt als das Verb *antworten*, wie zum Beispiel das Verb *bringen*.

(15) Der Mann brachte dem Kind das Heft ins Wohnzimmer.

Denn auch in diesem Beispiel eröffnet das Verb *verspreche*n vier Leerstellen. *Der Mann* füllt die erste Leerstelle, *dem Kind* die zweite, *das Heft* die dritte und *ins Wohnzimmer* die vierte Leerstelle.

An dieser Stelle sollte noch erklärt werden, dass die ersten drei Ergänzungen obligatorisch sind, während die vierte eine fakultative Ergänzung ist. Die zentrale Frage ist, ob eine Ergänzung bei einem Verb stehen muss (obligatorische Ergänzung) oder ob sie nur bei einem Verb stehen kann (fakultative Ergänzung) (s. Eisenberg 2004:65). Der Inhalt eines Satzes darf durch das Fehlen einer Ergänzung nicht verändert werden und er darf nicht ungrammatisch werden (s. Pittner, Berman 2004:45). Würde man in diesem Fall *der Mann*, *dem Kind* oder *das Heft* weglassen, würde der Satz inhaltlich und grammatisch verändert, bzw. falsch. Bei der fakultativen Ergänzung *ins Wohnzimmer* ließe sich auch darüber diskutieren, ob es sich an dieser Stelle um eine freie Angabe handelt. Eine freie Angabe kann als weitere Zusatzinformationen im Satz angesehen werden, die beliebig hinzugefügt oder weggenommen werden kann, ohne das sich der Sinn ändert (s. Pittner, Berman 2004:47). Das Lokaladverbial *ins Wohnzimmer* kann freie Angabe sein, sowie auch von der Valenz des Verbs abhängig sein. Das hängt davon ab, wie eng die Relation zwischen Subjekt, Verb und Lokaladverbial aufgefasst wird. Eindeutig kann dies an dieser Stelle jedoch nicht bestimmt werden.

3.5 Fünfstellige Verben

Ebenfalls fraglich ist die Existenz von fünfstelligen Verben. Nach Heringer handelt es sich bei folgendem Satz um einen mit fünf gefüllten Leerstellen:

> (14) Karl einigt sich mit seinem Gegner in dieser Sache auf einen Vergleich.
> (ebd., zit. nach Heringer 1970: 198f)

In diesem Beispiel füllt *Karl* die erste Leerstelle, *sich* die zweite, *mit seinem Gegner* die dritte, *in dieser Sache* die vierte und *auf einen Vergleich* die fünfte Leerstelle. In Frage zu stellen ist, ob das Adverbial *in dieser Sache* wirklich eine Aktante ist.

4 Fazit

Abschließend lässt sich zu der bearbeiteten Sekundärliteratur sagen, dass sie allgemein verständlich und übersichtlich war. Den von Tesniére angeführten Vergleich von einem Atom mit einem Verb finde ich persönlich sehr anschaulich. Auf diese Weise kann man sich den sprachwissenschaftlichen Begriff der Valenz bildlich vor Augen führen und somit besser verstehen. Die Gliederung der verschiedenen Stelligkeiten eines Verbs ist meiner Meinung nach sehr übersichtlich und schlüssig aufgebaut.

Zusammenfassend kann man sagen, dass die Valenz eines Verbs sich aus der Anzahl der eröffneten Leerstellen ergibt. Je nachdem wie viele Leerstellen eröffnet werden, ist das Verb ein bis fünfstellig. Bei den Aktanten, welche die Leerstellen füllen, muss sowohl zwischen obligatorischen und fakultativen Ergänzungen, als auch zwischen der freien Angabe unterschieden werden. Zu diesem Thema ist die Ausführung von Pittner und Bermann sehr anschaulich, weil sie auf die Schwierigkeiten und Unstimmigkeiten bei der Abgrenzung zwischen den unterschiedlichen Ergänzungen des Verbs hinweißt.

Zu bedauern ist, dass es keine eindeutige Methode gibt, mit der sich die syntaktisch besetzbaren Leerstellen genau bestimmen lassen.

Zu einem ebenso unsicheren bereich gehört die Vier- und Fünfstelligkeit eines Verbs. Wie oben schon angeführt sind sich die Wissenschaftler hier nicht einig. So gibt es nach Schenkel und Helbig in ihrem Valenzwörterbuch nur das Verb *antworten* als vierstelliges Verb und allein Heringer geht von fünfstelligen Verben aus, wie das Verb *sich einigen*. Wie oben schon erwähnt denke ich jedoch, dass es sicherlich vierstellige Verben gibt, aber es durchaus berechtigt ist fünfstellige Verben in Frage zu stellen auf Grund der ungeklärten Verhältnisse.

Literaturverzeichnis

Bühler, Karl (1934), Sprachtheorien. Stuttgart: Gustav Fischerverlag

Dürscheid, Christa (2005), Syntax. Grundlagen und Theorien. 3. Aufl. Wiesbaden: Verlag für Sozialwissenschaften.

Eisenberg, Peter (2004), Grundriss der deutschen Grammatik. Band 2: der Satz. 2., überarb. u. aktualis. Aufl. Stuttgart, Weimar: Metzler

Helbig, G. und Schenkel, W. (1991), Wörterbuch zur Valenz und Distribution deutscher Verben. 8. Auflage, Tübingen: Max Niemeyer Verlag

Heringer, H.-J. (1973), Theorie der deutschen Syntax. München: Hueber

Pittner Karin, Berman Judith (2004), Deutsche Syntax, ein Arbeitsbuch. Tübingen: Narr

Tesniére, Lucien (1959): Eléments de syntaxe structurale. Paris: Klinksieck